CW01456920

THREE SINOGRAM VERSES
USING RADICALS

部首三字经

张朋朋　著

SHERBORNE GIRLS SCHOOL

R27589Y0674

北京语言大学出版社

（京）新登字 157 号

图书在版编目（CIP）数据

部首三字经 = THREE SINOGRAM VERSES ON RADICAL／张朋朋著.
—北京：北京语言大学出版社，2006 重印
ISBN 7 – 5619 – 0997 – 7

Ⅰ. 部…
Ⅱ. 张…
Ⅲ. 汉字 – 部首 – 基本知识 – 汉、英
Ⅳ. H122

中国版本图书馆 CIP 数据核字（2001）第 072705 号

书　　名：部首三字经
责任印制：汪学发

出版发行：北京语言大学出版社
社　　址：北京市海淀区学院路 15 号　邮政编码 100083
网　　址：www. blcup. com
电　　话：发行部　82303648/3591/3651
　　　　　编辑部　82303647
　　　　　读者服务部　82303653/3908
印　　刷：北京新丰印刷厂
经　　销：全国新华书店

版　　次：2002 年 3 月第 1 版　2006 年 9 月第 2 次印刷
开　　本：787 毫米 × 1092 毫米　1/16　印张：7
字　　数：48 千字　　印数：3001 – 5000 册
书　　号：ISBN 7 – 5619 – 0997 – 7/H · 01098
定　　价：20.00 元

凡有印装质量问题，本社负责调换。电话：82303590

目　录

CONTENTS

前　言

汉字有形、音、义。对外国人进行汉字教学,字音可以借助汉语拼音来表示,字义可以用学生母语来翻译,惟有字形没有什么好办法,另外汉字字形又比较复杂,所以学生对字形也最感困难。

教外国学生汉字,传统上一般是先教基本笔画,然后是介绍笔顺规则,其后就是随课文中出现的汉字一个一个来教,学生一笔一画地写。这种教法,学生的反映是"汉字太难学了"。结果,学生学了一两年汉语还是不会分析字形,不会查字典,以至于不少外国学生干脆放弃学习汉字,变成了"洋文盲"。

本人认为上述传统的汉字教学方式有几点不妥:

一、把外国学生当成中国儿童了。

汉字是由笔画构成的,学习笔画是学习汉字的基础,中国儿童在入学前一般连一笔一画都不会写,因此对于他们自然要从基本笔画入手。但是外国学生则不然,他们虽没学过汉字,但都有使用笔进行书写文字的经验,而且他们对书写汉字的基本笔画没有困难,因为即使是拼音文字,其字母也是由笔画构成的,而且26个字母可以说,包括了汉字大多数基本笔画,如:字母"A"是由撇、捺、横三笔构成,字母"H"是由竖、横、竖三笔构成的,字母"j"是由点和钩两笔构成,字母"Z"类似笔画折。因此,对外国学生来说,不应像对中国儿童那样在基本笔画上花太大的力量。况且在实际书写汉字时基本笔画或多或少都有变形,即使基本笔画写得再好,到书写汉字时还是写不好。

二、把汉字基本笔画当成英文字母了。

根据上述分析,英文字母也是由笔画构成的,那为什么学习英文不学写笔画而是学写字母呢? 因为英文的文字单位"词"是由字母组合而成的,词的数量是无限的,而构成词的字母是有限的,就26个,也就是说,字母是英文"词"的字形结构单位。汉语的文字单位是汉字,而汉字的字形结构是不可能用笔画来分析的。如果用笔画来分析的话,每个汉字都有独特的组合,一个汉字一个样,汉字的字形就无系统可言了。其实汉字的字形是有系统性的。汉字在结构上分为两类,一类是独体字,一类是合体字,而且90%是合体字。另外合体字是由独体字或是一些由独体字演变而来的偏旁组合而成的,也就是说,汉字的字形和一切文字的字形一样也是以少量的构件按照一定的规则进行组合的系统。学习英文会了26个字母就可以书写所有单词了,那么,学习中文会了少量的独体字和偏旁部首,就可以书写大量的合体字了。与拼音文字不同的是汉字的字形结构单位(即构件)比26个字母要多,有专家统计,汉字的常用构件有一百多个,另外,组合方式上有左右结构、上下结构、内外结构之分。既然拼音文字把字母作为书写教学的基本单位，那么汉字教学就应该把汉字的字形结构单位，即独体字以及偏旁作为汉字书写教学的基本单位，而不应把基本笔画作为汉字书写教学的基本单位。也就是说，对外国学生不能在教了基本笔画之后就毫无规律地教汉字了，而应该把教学重点放在常用的、构字能力强的独体字和偏旁上。

三、采用了"文从语"的教学路子。

学习任何一种文字系统都是在学习文字单位之前先要掌握构成这一系统的字形结构单位。我把这一阶段的文字教学称之为"摹写教学"，通俗上讲就是培养学习者在这个阶段的教学后能够把所有文字单位都可以"照着样子写出来"。英文的"摹写教学"是教 26 个字母，那汉字的"摹写教学"应是教汉字的构件，即构字能力强的独体字和偏旁。而传统的教科书，在教了基本笔画后就随口语课文中出现的汉字一个一个来教，一开始就先教"你好""我们""谢谢"等合体字，等于是在汉字教学中取消了"摹写教学"阶段。这种"文从语"，即文字教学服从口语教学的路子不可能体现出汉字字形教学的系统性，汉字出现的顺序必然是杂乱无章的，从而大大增加了汉字字形教学的难度。

四、没有区分独体字的笔画顺序与合体字的结构顺序。

书写汉字时实际上是遵循两个顺序，一个是独体字或偏旁的笔画顺序，即"笔顺"，一个是合体字的结构顺序，严格上讲后者不是笔顺，而应称之为"块顺"。合体字的"块顺规则"由于结构不同分别为"先左后右"，"先上后下"，"先外后内"等。合体字的"块顺规则"规律性很强，只要学生会分析字形，掌握这几条规则不难，学生的难点在于很难掌握独体字和偏旁的"笔顺"，原因是独体字的笔顺，规律性不强，很难用几条规则来概括。因此，初期汉字教学应把重点放在独体字和偏旁的笔顺以及培养学生分析字形的能力上。具体教法适合采用一个字一个字，一笔一画来介绍，让学生把这少量的构字能力强的独体字和偏旁写好，在这个基础上介绍合体字的结构类型和"块顺规则"，培养他们分析合体字的字形和书写合体字的能力，也就是说，这样才能在短期内培养学生具有摹写汉字的能力。

根据上述认识，我编写了这本《部首三字经》。这是一本供初学汉语的外国人学习汉字的基础教材。

为什么我以"部首"作为编写内容？一是考虑汉字部首是汉字系统中最基本的、最常用的构件，它包括了常用的独体字和偏旁，二是考虑到，让学生了解汉字部首这一概念很重要，因为这是使用汉语工具书的基础。

为什么我选择了"三字经"的形式？因为大多数合体字都是二合一的形式，两个独体字或两个构件组成一个合体字，如："女""子"为"好"；"小""大"为"尖"；"田""力"为"男"等。这样正好适合用三字经的形式来表示。另外，如果编写巧妙，合辙押韵，不仅利于学生掌握字形，而且也利于他们记忆字音、字义，也就是说,采用三字经的形式可以较好地把字形教学和识字教学有机地结合起来。

　　根据汉字的特点,基础汉语教学初期应把"语"和"文"分开。口语先借助汉语拼音来进行,这本《部首三字经》可以作为汉字"摹写教学"阶段的教材。等学生具有了一定的口语能力和掌握了摹写汉字的能力后再进行融识字、口语、阅读、写字为一体的综合式教学。我认为,这样的安排不仅符合汉字的特点,而且也有利于外国人学习汉语口语和汉字。

张朋朋

2001 年 9 月于北语寓所

编 写 体 例

本书分"部首三字经"和"偏旁三字经"两篇。

"部首三字经"五十六句,介绍的是成字部首,如:'人'、'日'、'月'等。每句三字,两个独体字构成一个合体字。两个独体字分别是两个部首,故此"三字经"共介绍了一百一十二个部首。四句一段,合辙押韵,便于咏记。对每个部首均介绍了其形音义、笔画、笔画数、笔顺以及属于该部首的例字。对合体字,除介绍其形音义外,还介绍了其结构类型和造字法,并对其字理进行了简单的说解。

"偏旁三字经"二十句,主要是介绍非成字部首,即一些由成字部首演变或简化而来的偏旁,如:"亻""刂",以及少量的笔画部首,如:"丿""丨"等和符号部首,如:"凵"等。每句三字,每个字包含一个部首,共介绍了六十个部首。四句一段,不仅押韵,且富有意义。

书后附有本书介绍的一百七十二个部首笔画索引。

书后的"描写三字经"是作为学生课后书写作业设计的。

"判断部首练习"可以在教部首时随做练习,也可以在整个部首教学完成之后来让学生做。

"部首检字法简介"是本书最后一项教学内容,也是本书所要达到的一个重要教学目标。

To the Users

This book consists of two sections, Three Sinogram Verses Using Free Radicals and Three Sinogram Verses Using Bound Radicals.

The first part of Three Sinogram Verses Using Free Radicals presents 56 verses, which collects the most frequently-used radicals that are characters by themselves, like "人", "日" and "月". Each verse is composed of three characters, two single characters and a combined character thereby formed. The two single characters are respectively two radicals; therefore, one hundred and twelve radicals are introduced in this primer. Every four verses form a stanza, metrically precise and beautiful so as to greatly facilitate recital and memorization. For each radical, details are provided, including its form, pronunciation, meaning, drawing strokes, the order of strokes as well as the example characters formed by it. For the combined characters, in addition to the introduction to forms, pronunciations and meanings, their structures and methods of formation are also explained, together with a simple illustration to their etymology.

The second part, Three Sinogram Verses Using Bound Radicals includes 20 verses, which mainly deal with those radicals that are not characters by themselves, but the variations of the radicals through derivation or simplification, for example, "亻" and "刂", which are respectively the variation of "人" and "刀", and a few radicals with one stroke, such as "丿" and "丨", and the bound radicals that have been evolved into very basic symbols like "凵". Each verse has three characters, and each character contains a radical, thereby sixty bound radicals are introduced. Every four verses form a stanza, not only melodious, but also meaningful.

Apart from the above two sections, the stroke index of the one hundred and seventy-two radicals specified in this book is provided in the last part. In addition, the tracing exercises are designed for students to practice after class, whereas the exercise of identifying radicals could be used either in the classroom or as an assignment. The Radical Indexing System for Chinese Characters, though presented the last, is also an important component of this book.

汉 字 术 语

Terminology

部首	bùshǒu	radical
人部	rén bù	radical 人
笔画	bǐhuà	stroke
三画	sān huà	three strokes
笔顺	bǐshùn	stroke order
结构	jiégòu	structure
独体字	dútǐzì	single character
象形字	xiàngxíngzì	pictogram
指事字	zhǐshìzì	indicative character
合体字	hétǐzì	combined character
会意字	huìyìzì	ideogram
形声字	xíngshēngzì	pictophonogram
偏旁	piānpáng	bound radical
简体字	jiǎntǐzì	simplified character
变体	biàntǐ	variation
符号	fúhào	symbol
字	zì	sinogram

部首三字经

一火灭	二儿元	八刀分	人王全
女子好	田力男	日月明	小大尖
竹毛笔	白水泉	爪木采	舟皿盘
示见视	目艮眼	龙耳聋	穴巾帘
走干赶	厂犬厌	文而斋	又隹难
矢豆短	辛瓜瓣	米斗料	舌甘甜
手戈找	立风飒	身寸射	牙鸟鸦
气羊氧	言方访	门口问	弓长张
黑土墨	臣卜卧	麻鬼魔	石页硕
其欠欺	食几饥	工贝贡	自心息
父斤斧	尸至屋	金十针	广车库
山夕岁	酉己配	雨辰震	衣皮被
足止趾	歹匕死	禾比秕	支羽翅
虫青蜻	鱼里鲤	马户驴	牛西牺

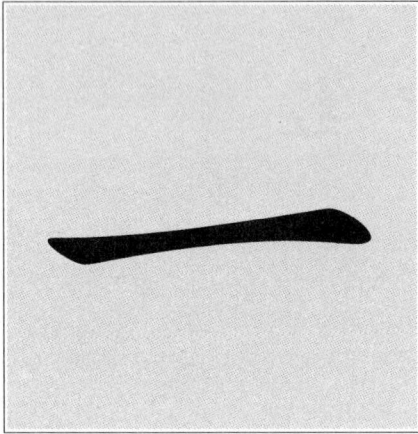

yī   one

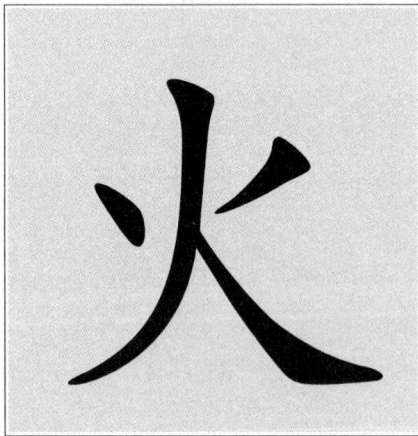

huǒ   fire

miè   put out

【笔画、笔顺】

一

【一部】　　　　　一画

三 五 万

【笔画、笔顺】

丶 丶 丷 少 火

【火部】　　　　　四画

灯 炒 烧

【结构】

一 灭

【会意字】

"一"表示一物体,用"一"物体从上向下压,"火"就扑"灭"了。

Ideogram. 一 indicates one object, and 火 looks like the fire. The fire is put out by using this one object to cover the top of it.

2

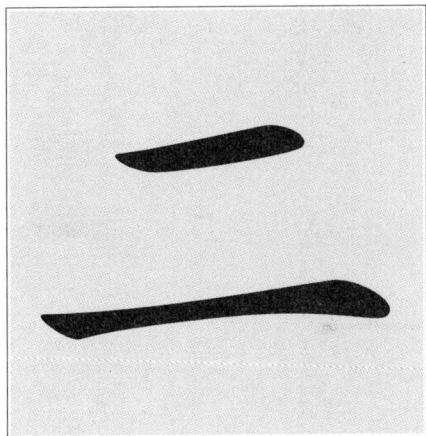

èr　two

【笔画、笔顺】

【二部】　　　　　　　　　　二 画

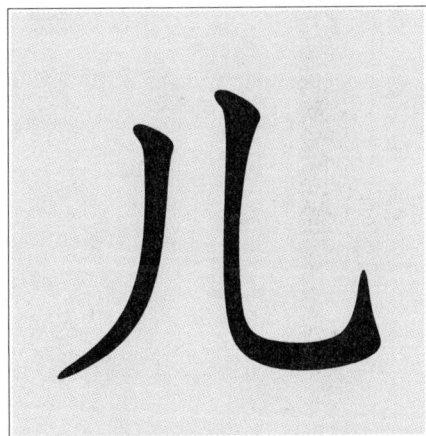

ér　child

【笔画、笔顺】

【儿部】　　　　　　　　　　二 画

yuán　primary

【结构】

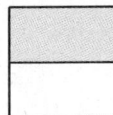

【会意字】

"二"表示"上","儿"是人字的变体。人的上部是头，人的头是首要的。

Ideogram. 二, on the top, refers to the head, and 儿 is a variation of 人 (man). The head on the top of a man's body is the most important. So 元 means primary.

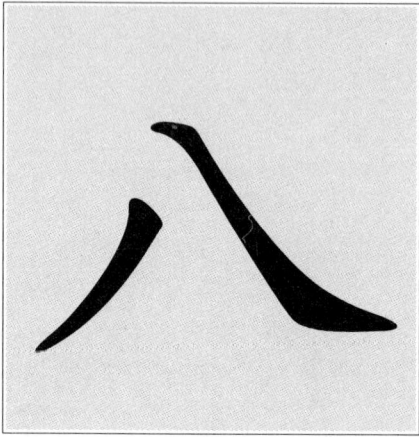

bā　　　eight

【笔画、笔顺】

丿 八

【八部】　　　　　　　二 画

公 共 只

dāo　　　knife

【笔画、笔顺】

㇆ 刀

【刀部】　　　　　　　二 画

刃 切 剪

fēn　　　separate

【结构】

八分

【会意字】

把一个东西"分"开,要用"刀"子,"八"表示被分开的物体。

Ideogram. A knife is needed to separate something. The shape of 八 indicates that something is separated.

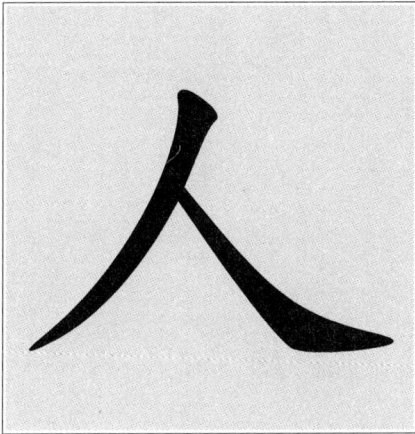

【笔画、笔顺】

丿 人

【人部】　　　　　　　　二 画

从 众 会

rén　　　person

【笔画、笔顺】

一 二 干 王

【王部】　　　　　　　　四 画

玉 玩 现

wáng　　　king

【结构】

人 全

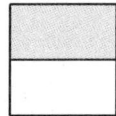

【会意字】

"人"要是做了国"王",就什么"全"有了。

Ideogram. 人 means a person, and 王 means a king. If a person becomes the king, he would have all.

quán　　　whole, all

nǚ   woman

【笔画、笔顺】

【女部】   三 画

妈 姐 她

zǐ   son

【笔画、笔顺】

【子部】   三 画

孩 孙 孤

hǎo   good

【结构】

女 好   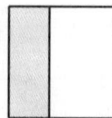

【会意字】

"女"表示女人,"子"指孩子,女人有了孩子是件"好"事。

Ideogram. 女 means a woman, and 子 means a child. It is a good thing for a woman to have a child.

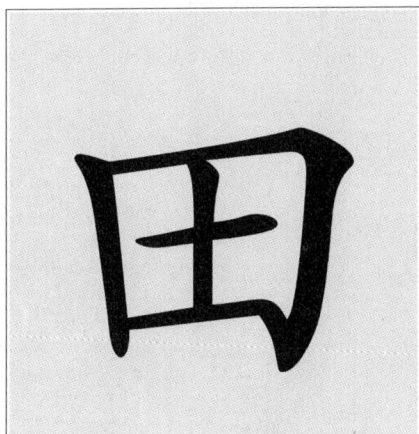

tián   field

lì   strength

nán   man

【笔画、笔顺】

丨 冂 冂 田 田

【田部】　　　　　五 画

思 界 留

【笔画、笔顺】

フ 力

【力部】　　　　　二 画

办 动 助

【结构】

田 男　　　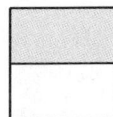

【会意字】

"田"表示田地，"力"指力气。"男"子在"田"里干活，因为他们有"力"气。

Ideogram. 田 means field and 力 means strength. People who work in the fields are generally men because they have strength.

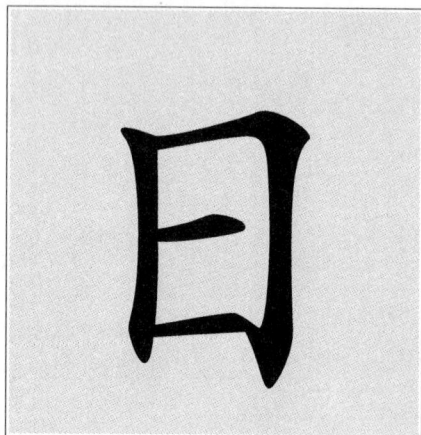

rì   sun

【笔画、笔顺】

丨 冂 冃 日

【日部】   四 画

时 昨 晚

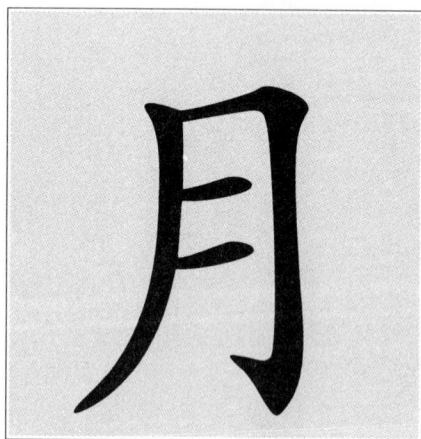

yuè   the moon

【笔画、笔顺】

丿 刀 月 月

【月部】   四 画

朋 朝 胖

míng   bright

【结构】

日 明   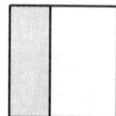

【会意字】

"日"表示太阳,"月"指月亮,太阳和月亮给人们带来光 "明"。

Ideogram. 日 means the sun, and 月 means the moon. The sun and the moon bring brightness to people. The two are combined to indicate the meaning of 'bright'.

xiǎo   small

【笔画、笔顺】

亅 小 小

【小部】   三 画

少 尘 尔

dà   big

【笔画、笔顺】

一 ナ 大

【大部】   三 画

太 奇 美

jiān   point

【结构】

小 尖

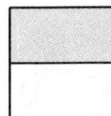

【会意字】

"尖"的东西,上面细"小",下面粗"大"。

Ideogram. An object would be pointed if its top is small and the bottom is big.

zhú   bamboo

【笔画、笔顺】

【竹部】   六 画

máo   hair

【笔画、笔顺】

【毛部】   四画

bǐ   writing brush

【结构】

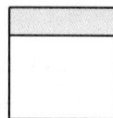

【会意字】

"竹"表示竹子,"毛"指毛发,中国的毛"笔"上部是"竹"子,下部是动物的"毛"。

Ideogram. ⺮ looks like bamboo. 毛 means hair. The handles of Chinese writing brushes are made of bamboo, and the nib is made of hair.

bái　　　white

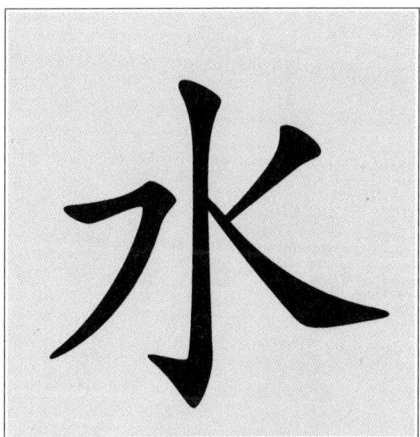

shuǐ　　　water

quán　　　spring

【笔画、笔顺】

【白部】　　　　　　　　　　五 画

【笔画、笔顺】

【水部】　　　　　　　　　　四 画

【结构】

白 泉　　　　　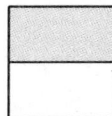

【会意字】

从山上流下的"泉""水"是"白"花花的。

Ideogram. 水 means water. The spring water is clear white when it flows down the mountain.

11

zhuǎ　　claw

【笔画、笔顺】

一 厂 爪 爪

【爪部】　　　　　　　　四画

爬 爱 受

mù　　tree

【笔画、笔顺】

一 十 才 木

【木部】　　　　　　　　四画

本 林 树

cǎi　　pick

【结构】

爫 采

【会意字】

"爪"表示手爪,"木"指树木,爪在树木上方表示"采"摘果实。

Ideogram. 爪 looks like a hand or claw. 木 refers to trees. A hand on the top of a tree shows the meaning of picking fruits.

zhōu　　　boat

mǐn　　　household utensils

pán　　　plate, tray

【笔画、笔顺】

′ ⺁ 刀 月 舟 舟

【舟部】　　　　　　　　　　六 画

船 舰 航

【笔画、笔顺】

丨 冂 冂 皿 皿

【皿部】　　　　　　　　　　五 画

盒 盆 盛

【结构】

舟 盘

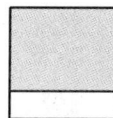

【会意字】

"舟"表示船,"皿"指器皿。"盘"子是器皿,其形状像船。

Ideogram. 皿 means a receptacle. A plate is a receptacle, whose shape is like a boat.

13

shì　　show

【笔画、笔顺】

一 二 亍 亓 示

【示部】　　　　　　　　　　五画

票 禁 奈

jiàn　　see

【笔画、笔顺】

丨 冂 贝 见

【见部】　　　　　　　　　　四画

观 览 觉

shì　　look at

【结构】

礻 视

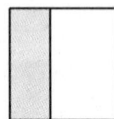

【形声字】

"见"表示看见，作形旁，"视"也表示看见，"示"作声旁。"礻"是"示"的变体。

Pictophonogram. 见 is the pictographic element and it means to see. 礻 is the phonetic element, which is the variation of 示.

14

mù   eye

【笔画、笔顺】

丨 冂 冂 月 目

【目部】　　　　　　　　五 画

睛 睡 看

gěn   blunt

【笔画、笔顺】

フ ヲ ヨ 艮 艮 艮

【艮部】　　　　　　　　六 画

良 恳 即

yǎn   eye

【结构】

目 眼　　　　　　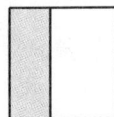

【形声字】

"目"是个象形字,作形旁,表示"眼"睛,"艮"作声旁。

Pictophonogram. 目 is a pictograph, used as the pictographic element, meaning eyes. 艮 is the phonetic element, which has changed greatly in the course of the times.

lóng   dragon

【笔画、笔顺】

一 尢 尢 龙 龙

【龙部】   五 画

垄 袭 龚

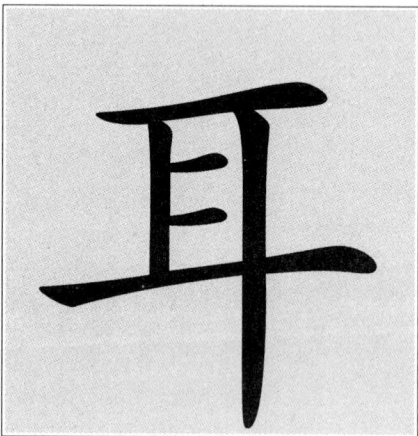

ěr   ear

【笔画、笔顺】

一 厂 厂 厅 耳 耳

【耳部】   六 画

闻 取 职

lóng   deaf

【结构】

龙 聋   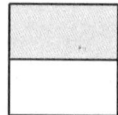

【形声字】

"耳"表示"耳朵",作形旁,聋子"耳"朵听不见,"龙"作声旁。

Pictophonogram. 耳 means ears, used as the pictographic element. When one cannot hear, one is deaf. 龙 is the phonetic element.

xué　　　cave, hole

jīn　　　a piece of cloth

lián　　　curtain, screen

【笔画、笔顺】

丶丶宀宀穴

【穴部】　　　　　　　五 画

空 穿 窗

【笔画、笔顺】

丨冂巾

【巾部】　　　　　　　三 画

布 帮 带

【结构】

穴帘

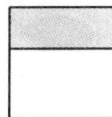

【会意字】

"穴"表示洞穴，"巾"指毛巾。在洞穴口挂块毛巾就成了一个"帘"子。

Ideogram. 穴 means cave, and 巾 means a piece of cloth. A piece of cloth which is hung at the cave's entrance is a curtain.

17

zǒu walk

【笔画、笔顺】

【走部】   七 画

【笔画、笔顺】

一 二 干

【干部】   三 画

gān dry

【结构】

   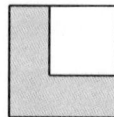

【形声字】

"走"指行走,作形旁。"赶"上别人就要"走"得快点儿。"干"作声旁。

Pictophonogram. 走, meaning walking, is used as the pictographic element. One has to walk quickly to catch up with others. 干 is the phonetic element.

gǎn catch up with

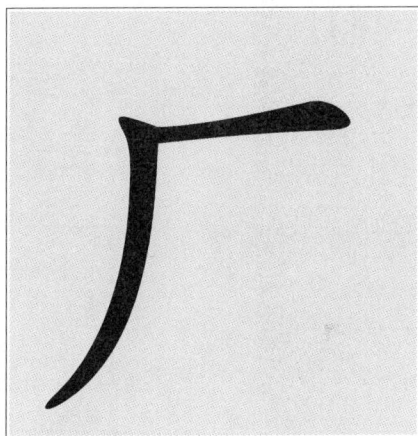

chǎng   yard，factory

【笔画、笔顺】

一 厂

【厂部】   二 画

历 压 原

quǎn   dog

【笔画、笔顺】

一 ナ 大 犬

【犬部】   四 画

哭 戾 献

yàn   detest

【结构】

厂 厌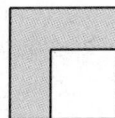

【形声字】

"厌"是"厭"的简化字。"犬"表示狗，可以理解为狗是令中国人讨"厌"的。

厌 is the simplified form of "厭". 犬 means dogs. The Chinese people may detest dogs.

wén　　　writing, literary

【笔画、笔顺】

、　一　亍　文

【文部】　　　　　　　四画

齐　吝　斌

ěr　　　and, as well as

【笔画、笔顺】

一　丆　丆　丙　而　而

【而部】　　　　　　　六画

耐　耍　需

zhāi　　　a study

【结构】

文斋　　　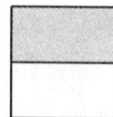

【形声字】

"斋"是"齋"的简化字,表示书房的意思,"文"指文字、文人。书房是文人写字、看书的地方。

斋 is the simplified form of "齋", and it means a study. 文 means writing or man of letters. The study is a room where the man of letters writes and reads.

yòu　　also, again

【笔画、笔顺】

フ 又

【又部】　　　　　　　二 画

双 欢 友

zhuī　　bird

【笔画、笔顺】

ノ イ イ イ 佗 作 伟 隹

【隹部】　　　　　　　八 画

售 集 雄

nán　　difficult

【结构】

又 难　　　　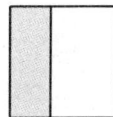

【形声字】

"难"是"難"的简化字,"難"是形声字。"又"在其中仅是
个符号。

难 is the simplified form of "難", which is an pictophonogram,
and 又 is a symbol in it.

21

shǐ　　arrowhead

【笔画、笔顺】

【矢部】　　　　　　　　　五 画

dòu　　bean

【笔画、笔顺】

【豆部】　　　　　　　　　七 画

duǎn　　short

【结构】

矢　短　

【形声字】

"矢"表示箭头,箭头一般比较"短"小。"豆"作声旁。

Pictophonogram. 矢 means arrowhead. An arrowhead is usually "short" and small. 豆 is the phonetic element, which has changed a little bit during the course of the times.

xīn   hard, laborious

【笔画、笔顺】

【辛部】   七 画

guā   melon, gourd

【笔画、笔顺】

【瓜部】   五 画

bàn   petal, piece

【结构】

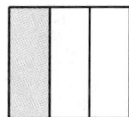

【会意字】

"瓣"表示果实分成的小块儿，"瓜"是可以切分的。两个"辛"一边一个，来表示"分"的意思。

Ideogram. 瓣 means the pieces of the fruits that are cut. 瓜 means the melon to be cut. The two 辛 are put on each side to indicate the meaning of separating.

23

mǐ   rice

【笔画、笔顺】

、 ` ` ⸍ 半 半 米

【米部】   六 画

粮 糖 粒

dǒu   *dou*, a measuring tool

【笔画、笔顺】

、 ⸍ ⸍ 斗

【斗部】   四 画

斜 斟 斛

liào   (grain) feed, material

【结构】

米 料

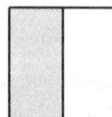

【会意字】

"米"指大米，"斗"表示量具，用"斗"量出的"米"是饲"料"。

米 means rice. 斗 shows a measuring tool. The grain, after being measured by this tool, becomes "feed".

shé   tongue

【笔画、笔顺】

一 二 千 千 舌 舌

【舌部】   六画

舔 舐 乱

gān   sweet

【笔画、笔顺】

一 十 廿 甘 甘

【甘部】   五画

某 甙 甚

tián   sweet

【结构】

舌 甜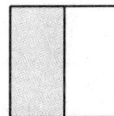

【会意字】

"舌"指舌头，"甘"表示"甜"，"甜"是由"舌"头感知的味觉。

Ideogram. 舌 means tongue, and 甘 means sweet. The sweet flavor is the taste felt by the tongue.

shǒu   hand

【笔画、笔顺】

一 二 三 手

【手部】   四画

拿 掌 拳

gē   dagger-axe（an ancient weapon）

【笔画、笔顺】

一 弋 戈 戈

【戈部】   四画

我 战 成

zhǎo   look for

【结构】

扌 找   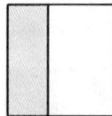

【会意字】

"扌"是"手"的变体，"戈"在古代指兵器。手执兵器追"寻"敌人和野兽。

Ideogram. 扌 is a variation of 手. 戈 is a kind of weapon in ancient China. People chase after enemies and wild animals with arms in hands.

lì   stand

【笔画、笔顺】

丶 丷 亠 立 立

【立部】   五 画

亲 章 站

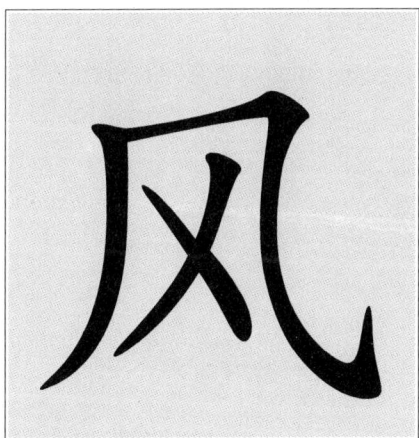

fēng   wind

【笔画、笔顺】

丿 几 凡 风

【风部】   四 画

飘 飙 飓

sà   soughing, whistling

【结构】

立 飒

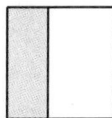

【会意字】

"飒"是"风"吹动时的声音,"立"在风中人就可以听到风吹动的声音。

Ideogram. 飒 is the sound of wind blowing. Standing in the wind, one could hear the whistling sound of the wind.

shēn   body

shè   shoot

【笔画、笔顺】

【身部】   七画

【笔画、笔顺】

【寸部】   三画

【结构】

身 射

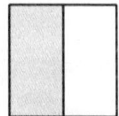

【会意字】

古文字"寸"字像只手,"身"指身体,把箭"射"出去是靠身体和手的动作完成的。

Ideogram. The ancient character 寸 shows one hand, and 身 shows the body. The action of shooting an arrow depends on the body and hands to finish.

cùn   *cun*, a traditional length of unit

yá   tooth

【笔画、笔顺】

一 丆 于 牙

【牙部】   四画

雅 邪 芽

niǎo   bird

【笔画、笔顺】

丿 勹 勺 鸟 鸟

【鸟部】   五画

鸡 鸭 鹅

yā   crow（a bird）

【结构】

牙 鸦   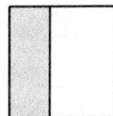

【形声字】

"鸟"指鸟类，作形旁，乌"鸦"是一种鸟。"牙"作声旁。

Pictophonogram. 鸟, the pictographic element, indicates that the crow is a kind of bird. 牙 is used as the phonetic element.

qì   gas

【笔画、笔顺】

ノ 仁 仁 气

【气部】   四画

氮 氢 氚

yáng   sheep

【笔画、笔顺】

丶 丷 丷 丷 兰 羊

【羊部】   六画

群 羔 差

yǎng   oxygen

【结构】

气氧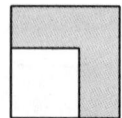

【形声字】

"气"表示气体,作形旁,"氧"是一种气体。"羊"作声旁。

Pictophonogram. 气, the pictographic element, indicates that the oxygen is a kind of gas. 羊 is the phonetic element.

yán　　speech

【笔画、笔顺】

【言部】　　　　　　七画

fāng　　square

【笔画、笔顺】

【方部】　　　　　　四画

fǎng　　call on

【结构】

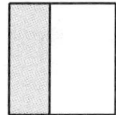

【形声字】

"讠"是"言"的简体,"言"表示言语。去"访"问某人是要说话的。"方"作声旁。

Pictophonogram. 讠, the simplified form of 言, signifies speech. When one calls on a friend, he would surely talk with him. 方 is the phonetic element.

mén   door

【笔画、笔顺】

` 丨 门 门

【门部】   三 画

间 闹 闭

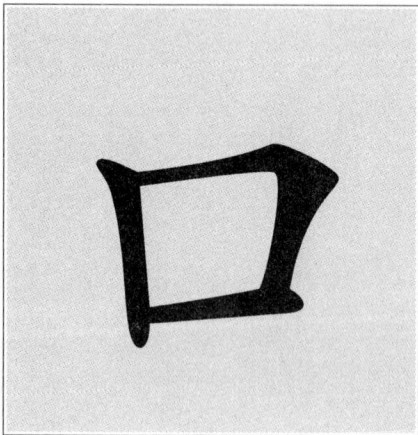

kǒu   mouth

【笔画、笔顺】

丨 冂 口

【口部】   三 画

叫 吃 喝

wèn   ask

【结构】

门 问   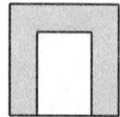

【会意字】

"门"表示房门，"口"指人的嘴，登门向人询"问"，要张"口"。

Ideogram. 门 refers to a door, and 口 means mouth. When a man taps the door to ask for something, he has to open his mouth.

32

gōng   bow

【笔画、笔顺】

【弓部】   三画

强 弹 引

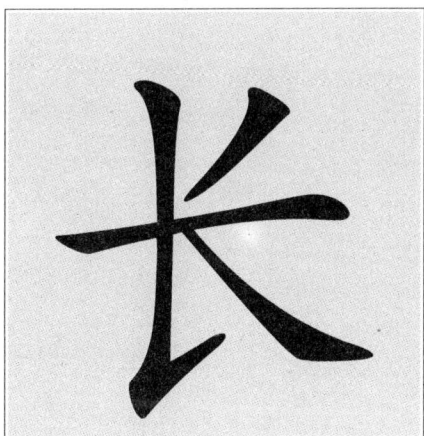

cháng   long

【笔画、笔顺】

【长部】   四画

账 胀 帐

zhāng   open, drawn

【结构】

弓 张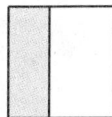

【形声字】

"弓"指弓箭,"弓"可以"张"开。"长"作声旁。

Pictophonogram. 弓 refers to a bow. A bow can be drawn. 长 is the phonetic element.

33

hēi　　black

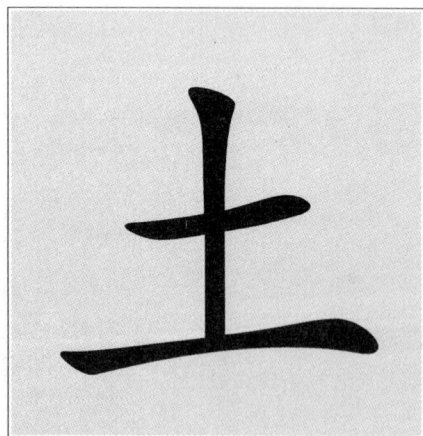

tǔ　　soil

mò　　Chinese ink

【笔画、笔顺】

冂 冊 四 四 甲 里 黑

【黑部】　　　　　十二 画

默　黔　墨

【笔画、笔顺】

一 十 土

【土部】　　　　　三 画

地　去　在

【结构】

黑墨　　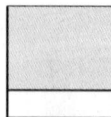

【会意字】

"墨"表示黑色，"土"指泥土，中国的"墨"在研之前像是"黑"色的"土"块。

Ideogram. 黑 means black, and 土 means soil. Chinese ink, which is used in painting and calligraphy, looks like a piece of black earthern cube before it is mixed with water.

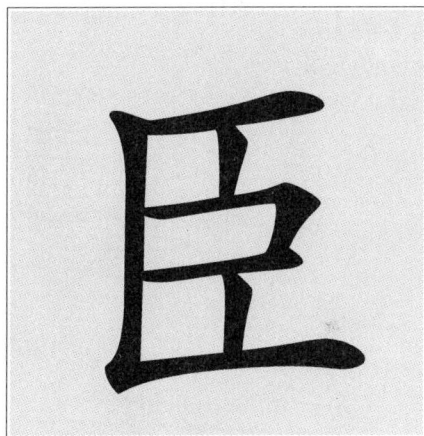

chén　　　subject

【笔画、笔顺】

一　丁　エ　五　手　臣

【臣部】　　　　　　　　六 画

卧　宧　臧

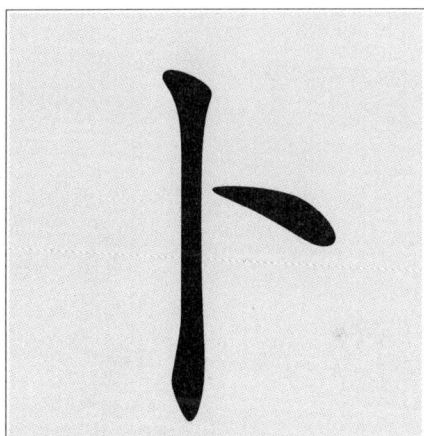

bǔ　　　divine

【笔画、笔顺】

丨　卜

【卜部】　　　　　　　　二 画

外　卦　占

wò　　　lie

【结构】

臣　卧

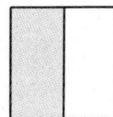

【会意字】

古文字"臣"字像竖着的一只眼，"卜"是人字的变形，人"卧"着时眼睛就竖着了。

Ideogram. The ancient Chinese character 臣 is like a vertical eye and 卜 is a variation of 人（man）. When a man lies, his eyes would be vertical.

má　　　hemp

guǐ　　　spirit

mó　　　evil spirit

【笔画、笔顺】

丶　亠　广　床　麻

【麻部】　　　　　　十一 画

磨　摩　糜

【笔画、笔顺】

丿　白　尹　鬼　鬼　鬼

【鬼部】　　　　　　九 画

魂　魄　魅

【结构】

麻　魔

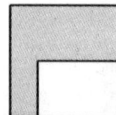

【形声字】

"鬼"指鬼怪,作形旁。"魔"是一种鬼怪,"麻"作声旁。

Pictophonogram. 鬼 is used as the pictographic element to indicate that the meaning of 魔 is related to the evil spirit. 麻 is the phonetic element.

石

shí stone

【笔画、笔顺】

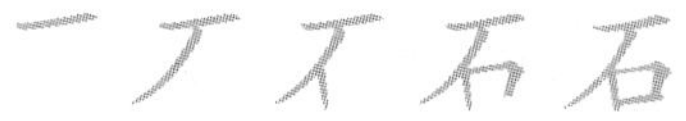

【石部】 五 画

碗 砖 硬

页

yè page

【笔画、笔顺】

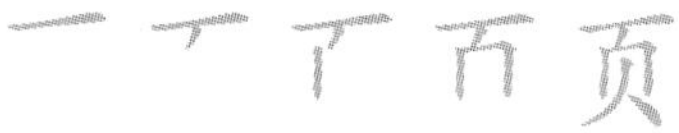

【页部】 六 画

顺 领 顶

硕

shuò big，large

【结构】

石 硕

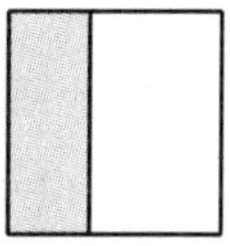

【形声字】

古文字“页”像人的头、颈。人的头部比较大，所以“硕”表示大的意思。“石”作声旁。

Pictophonogram. Ancient Chinese character 页 is like the head and neck of hunan beings. The head is big，so the meaning of 硕 is big. 石 is the phonetic element.

qí　　　　　he (she, it, they)

【笔画、笔顺】

一 十 廿 廿 甘 其 其

【其部】　　　　　　　八 画

期 斯 基

qiàn　　　　yawn

【笔画、笔顺】

丿 丿 勹 欠

【欠部】　　　　　　　四 画

歌 款 歉

qī　　　　bully

【结构】

其 欺

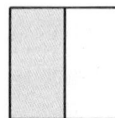

【形声字】

古文字"欠"像一个人张大口呼气。欺诈别人,常常张牙舞爪。"其"作声旁。

Pictophonogram. Ancient Chinese character 欠 is like someone opening his mouth to breath. When one bullies the others, he often makes threatening gestures. 其 is the phonetic element.

shí food

【笔画、笔顺】

【食部】   九 画

【笔画、笔顺】

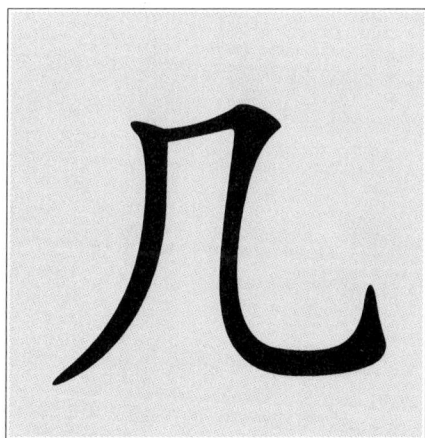

jǐ how many

【几部】   二 画

【结构】

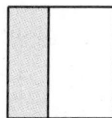

jī hungry

【形声字】

"饣"是"食"字的简体,"食"指食物,"饥"饿时想吃食物。"几"作声旁。

Pictophonogram. 饣, the simplified form of 食, indicates that the meaning of 饥 has something to do with food. When one is hungry, he wishes to have food to eat. 几 is the phonetic element.

gōng　　work

【笔画、笔顺】

一丁工

【工部】　　　　　　　三画

功 巧 左

bèi　　shellfish

【笔画、笔顺】

丨冂贝贝

【贝部】　　　　　　　四画

贵 财 购

gòng　　tribute

【结构】

工 贡

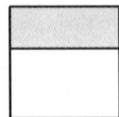

【形声字】

"贝"表示贵重的财物,向皇上进"贡"就是奉献财物,"工"作声旁。

Pictophonogram. 贝, the pictographic element, means money and valuables in the ancient times. The tribute contributed to the emperor must be money and valuables. 工 is the phonetic element.

40

zì　　　oneself

【笔画、笔顺】

【自部】　　　　　　　　六画

xīn　　　heart

【笔画、笔顺】

【心部】　　　　　　　　四画

xī　　　respite, rest

【结构】

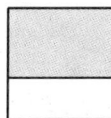

【会意字】

古文字"自"表示鼻子,"心"指心脏和心理活动,人休"息"时呼吸有变化,心情也放松。

Ideogram. Ancient Chinese character 自 is like a nose and 心 means heart or psychological activities. When one rests, the respiration would change, which would be reflected in the activity of the nose and the heart.

41

fù   father

【笔画、笔顺】

【父部】   四画

jīn   a tool used for felling trees in ancient times

【笔画、笔顺】

【斤部】   四画

fǔ   axe

【结构】

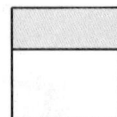

【形声字】

古文字"斤"像一把砍东西的"斧"子，"父"作声旁。

Pictophonogram. Ancient Chinese character 斤 is like an axe used to cut things. 父 is added as the phonetic element.

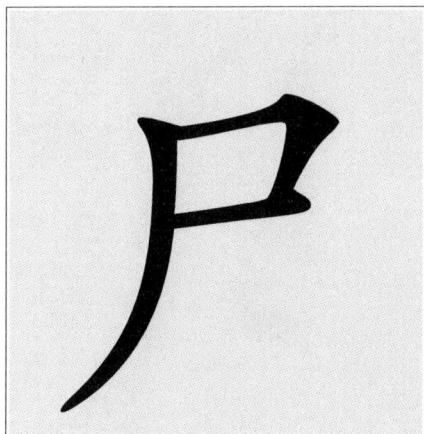

shī   corpse

【笔画、笔顺】

ㄱ　ㄱ　尸

【尸部】   三 画

尾 居 展

zhì   arrive

【笔画、笔顺】

一　工　至　至　至　至

【至部】   六 画

室 到 致

wū   room

【结构】

尸 屋　　　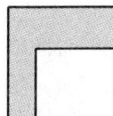

【会意字】

"尸"表示人体,"至"表示"到","屋"子是人体所"到"之处。

Ideogram. 尸 indicates one's body, and 至 means arrive. The room is a place where a man arrives.

jīn　　gold

【笔画、笔顺】

人 人 今 今 仐 余 金

【金部】　　　　　　八 画

鉴 銮 鳌

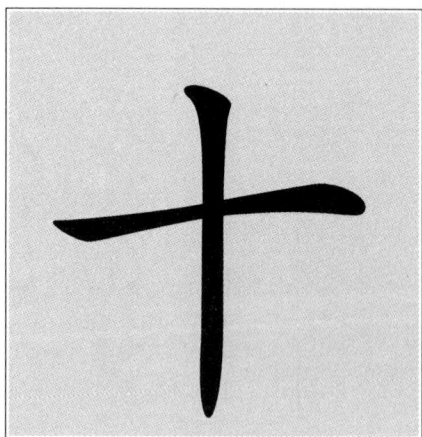

shí　　ten

【笔画、笔顺】

一 十

【十部】　　　　　　二 画

支 古 卖

zhēn　　needle

【结构】

钅 针

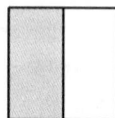

【会意字】

"金"表示金属，"十"像"针"的形状，"针"是用金属制作的。

Ideogram. Originally 金 meant "gold" and has by extension come to mean "things made of metals". A needle is made of metal in the shape of 十.

guǎng　　　wide, vast

【笔画、笔顺】

【广部】　　　　　　　三画

店 床 应

chē　　　vehicle

【笔画、笔顺】

【车部】　　　　　　　四画

辆 轴 轮

kù　　　warehouse

【结构】

广 库

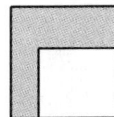

【会意字】

古代"广"字表示房屋,"车"指车辆,存放"车"辆的房子就是"库"房。

Ideogram. Ancient Chinese character 广 means rooms or houses, and 车 shows a vehicle. The house used to store vehicles is a warehouse.

shān　　mountain

【笔画、笔顺】

丨 凵 山

【山部】　　　　　　　　　三画

岩 岭 峰

xī　　sunset

【笔画、笔顺】

丿 勹 夕

【夕部】　　　　　　　　　三画　　 丶

外 名 多

suì　　year (of age)

【结构】

山 岁

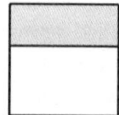

【形声字】

"岁"是"歲"的简化字，"歲"是形声字。中国人常用"山"比喻人的"岁"数大，如"寿比南山"。

岁 is the simplified form of "歲". "歲" is an ideophonogram. In China, the age of the elderly people is often likened to mountains, e.g. "May your age be as the southern mountain!"

yǒu the tenth of the twelve Earthly Branches

【笔画、笔顺】

一 丅 厂 丙 丙 西 酉

【酉部】 七 画

酒 醒 醉

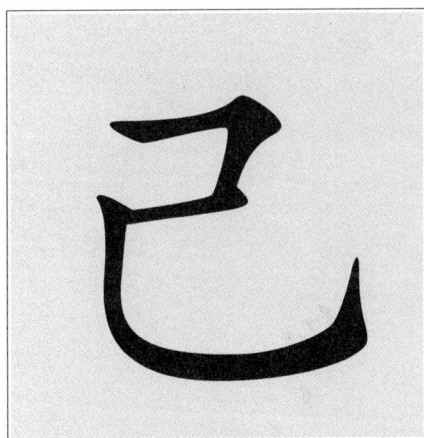

jǐ oneself

【笔画、笔顺】

乛 コ 己

【己部】 三 画

已 异 改

pèi compound, mix

【结构】

酉 配

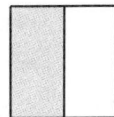

【会意字】

"酉"表示酒一类发酵的东西，这类东西是需要自"己""配"制的。

Ideogram. In ancient times, 酉 referred to fermented things. To make wine for oneself needs to mix different things together.

yǔ　　rain

【笔画、笔顺】

一　丆　丙　帀　雨　雨　雨

【雨部】　　　　　　　　八 画

雪　雷　雾

chén　　celestial bodies

【笔画、笔顺】

一　丆　厂　厍　辰　辰　辰

【辰部】　　　　　　　　七 画

晨　唇　辱

zhèn　　quake, seism

【结构】

雷　震

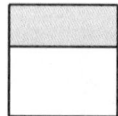

【形声字】

"雨"部的字和气象有关,古代中国人认为,地"震"是一种气象。"辰"作声旁。

Pictophonogram. Ancient Chinese believed that the seism was a meteorological phenomenon, and thus 雨, one meteorological phenomenon, was taken to indicate this point. 辰 is the phonetic element.

yī   clothing

【笔画、笔顺】

丶 亠 亠 产 衣 衣

【衣部】   六 画

装 袋 裳

pí   skin

【笔画、笔顺】

一 厂 广 庀 皮

【皮部】   五 画

颇 皱 皴

bèi   quilt

【结构】

衤 被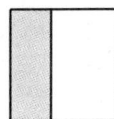

【会意字】

"衤"是"衣"的变体,"衣"表示衣服。"皮"指皮肤。衣服盖在身上就成了"被"子。

Ideogram. 衤 is a variation of 衣, indicating that 被 is related to cloth. 皮 means skin. Cloth covering on the skin of the body becomes a quilt.

zú   foot

【笔画、笔顺】

丶 丨 叮 口 呌 吖 叮 足

【足部】   七 画

跟 跑 跳

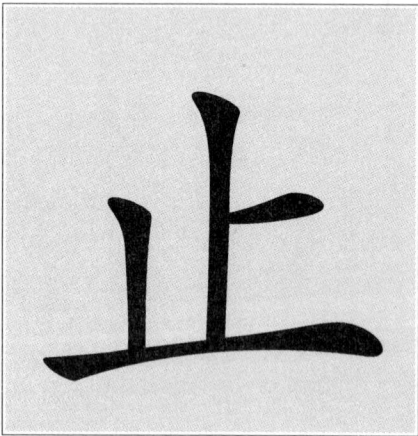

zhǐ   stop

【笔画、笔顺】

丨 卜 止 止 止

【止部】   四 画

步 肯 此

zhǐ   toe

【结构】

足 趾

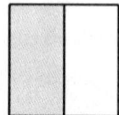

【形声字】

"足"指"脚"。脚"趾"长在"脚"上。"止"作声旁。

Pictophonogram. 足 means foot, and 趾 means toe. The toe is on the foot. 止 is the phonetic element.

50

dǎi　　bad

【笔画、笔顺】

一　丁　歹　歹

【歹部】　　　　　　　　四 画

列　歼　残

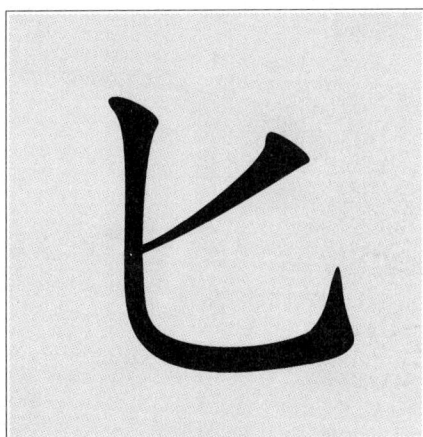

bǐ　　dagger

【笔画、笔顺】

丿　匕

【匕部】　　　　　　　　二 画

北　比　旨

sǐ　　die

【结构】

歹　死

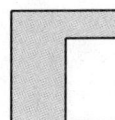

【会意字】

"歹"表示坏的意思。"匕"指杀人的匕首。坏人被人用匕
首刺杀以示"死"。

Ideogram. 歹 means bad, and 匕 shows dagger. The bad per-
son that was killed by the dagger is dead.

hé   grain

【笔画、笔顺】

一 二 千 千 禾

【禾部】   五画

种 秋 和

bǐ   compare

【笔画、笔顺】

一 匕 比 比

【比部】   四画

皆 毕 毙

bǐ   blighted grain

【结构】

禾 秕

【形声字】

"禾"表示植物。"秕"指不饱满的"植物"种子。"比"作声旁。

Pictophonogram. 禾 shows plant. 秕 means grains that are not plump. 比 is the phonetic element.

zhī   prop up

【笔画、笔顺】

一 十 ㄒ 支

【支部】   四 画

技 妓 伎

yǔ   feather, plume

【笔画、笔顺】

丁 丁 习 羽 羽 羽

【羽部】   六 画

翻 翔 翼

chì   wing

【结构】

支 翅   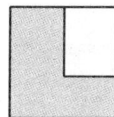

【形声字】

"羽"指"羽"毛。"翅"膀上长有羽毛。"支"作声旁。

Pictophonogram. 羽 means plume. The plume is on the wing. 支 is the phonetic element.

chóng   insect

【笔画、笔顺】

丶 口 口 中 虫 虫

【虫部】   六 画

蛇 蚊 蝇

qīng   blue or green

【笔画、笔顺】

一 二 丰 主 丰 青 青

【青部】   八 画

静 靖 靓

qīng   dragonfly

【结构】

虫 蜻   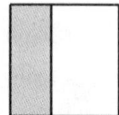

【形声字】

"虫"表示昆虫,作形旁。"蜻"蜓是种昆虫。"青"作声旁。

Pictophonogram. 虫 is used as the pictographic element to indicate that the dragonfly is a kind of insect. 青 is the phonetic element.

yú　　　fish

lǐ　　　inside

lǐ　　　carp

【笔画、笔顺】

丿　⺈　⺈　匇　角　鱼　鱼

【鱼部】　　　　　　　　八 画

鲜　鲸　鲢

【笔画、笔顺】

一　冂　冈　日　甲　里　里

【里部】　　　　　　　　七 画

量　野　厘

【结构】

鱼　鲤　　　　　　　　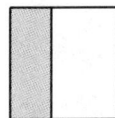

【形声字】

"鱼"表示鱼类,作形旁。"鲤"鱼是一种鱼。"里"作声旁。

Pictophonogram. 鱼 is used as the pictographic element to indicate that the carp is a kind of fish. 里 is the phonetic element.

55

mǎ   horse

【笔画、笔顺】

【马部】   三画

hù   household, family

【笔画、笔顺】

【户部】   四画

lú   donkey

【结构】

马 驴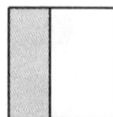

【会意字】

"户"表示人家。"驴"是人们饲养的"家"畜。样子像"马"。

Ideogram. 户 means the household. The domestic animal that is kept in the house and looks like a horse is the donkey.

niú   ox

【笔画、笔顺】

ノ 𠂉 ニ 牛

【牛部】   四画

犁 物 牧

xī   west

【笔画、笔顺】

一 丆 丙 丙 西 西

【西部】   六画

要 票 栗

xī   sacrifice

【结构】

牛 牺   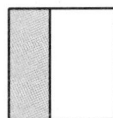

【形声字】

"牛"表示牲畜。"牺"指祭祀。中国古代用牲畜来祭祀。"西"作声旁。

Pictophonogram. 牛 is a kind of livestock, and may be used as the general term of livestock by extension. In ancient China, people used the livestock as a sacrifice. 西 is the phonetic element.

57

偏旁三字经

到中国	学汉语	遇同乡	勿怀疑
发京音	练四声	写似画	日之形
得重病	去医院	抓药煎	家母安
虎牌裙	冷饮瓶	猫式鞋	角状镜
欲建业	务敬老	没礼貌	邻即笑

刂	扌	氵	讠	辶
又	勹	忄	亠	纟
宀	弋	艹	冫	匚
门	攵	礻	阝	衤
饣	豕	豸	口	斗

到中国	dào Zhōngguó	Go to China
学汉语	xué Hànyǔ	Learn Chinese
遇同乡	yù tóngxiāng	Run into Compatriots
勿怀疑	wù huáiyí	Don't suspect them
发京音	fā jīngyīn	Pronounce with Beijing accent
练四声	liàn sìshēng	Practise the four tones
写似画	xiě sì huà	Writing like painting
曰之形	yuē zhī xíng	And call it a pictogramme
得重病	dé zhòng bìng	Become seriously ill
去医院	qù yīyuàn	Go to hospital
抓药煎	zhuā yiào jiān	Pay and take medicine
家母安	jiā mǔ ān	Mother is relieved
虎牌裙	hǔ pái qún	Tiger brand skirt
冷饮瓶	lěngyǐn píng	Bottle of fresh liquid
猫式鞋	māoshì xié	Shoes in the shape of a cat
角状镜	jiǎozhuàng jìng	(Look in the) Triangular mirror
欲建业	yù jiàn yè	Hoping to build up one's career
务敬老	wù jìng lǎo	Be sure to repect the elderly
没礼貌	méi lǐmào	Without good manners
邻即笑	lín jí xiào	Neighbours may laugh at you

到

dào　　　arrive

【刂部】
"刀"字的变体,见第 4 页。
It's a variation of 刀. See page 4.

一　刂

【立刀旁】　lìdāopáng　　　二 画

刻　割　别

中

zhōng　　　centre

【丨部】
笔画"丨"是个部首。
The stroke 丨 is a radical.

丨

【竖部】　shùbù　　　一 画

旧　北　师

国

guó　　　country

【囗部】
"囗"部的字多与包围有关。
The meaning of characters with the radical 囗 is often related to that of encirclement.

一　冂　囗

【大口框】　dàkǒukuàng　　　三 画

围　园　圆

学 xué　learn

汉 hàn　the Han nationality

语 yǔ　language

【⺌部】 "小"字的变体，见第 9 页。
It's a variation of 小. See page 9.

丶 丷 ⺌

【小字头】　xiǎozìtóu　三画

光 当 常

【氵部】 "水"字的变体，见第 11 页。
It's the variation of 水. See page 11.

丶 冫 氵

【三点水部】　sāndiǎnshuǐ　三画

江 河 海

【讠部】 "言"字的简体，见第 31 页。
It's the simplified form of 言. See page 31.

丶 讠

【言字旁】　yánzìpáng　二画

说 讲 话

【辶部】 "辶"部的字多和行走有关。
The meaning of characters with the radical 辶 is often related to walking.

丶 丶 辶

【走之旁】 zǒuzhīpáng 三 画

过 进 还

遇

yù   encounter

【冂部】 "冂"是个符号。
冂 is a symbol.

丨 冂

【同字框】 tóngzìkuàng 二 画

用 周 肉

同

tóng   same

【幺部】 "幺"部的字多与微小有关。
The meaning of characters with the radical 幺 is often related to that of small.

乙 幺 幺

【幺字旁】 yāozìpáng 三 画

幻 幼 幽

乡

xiāng   countryside

62

【勹部】

> "勹"部的字多与包裹有关。
> The meaning of characters with the radical 勹 is often related to that of wrapping up.

丿 勹

【包字框】　bāozìkuàng　　二 画

包 句 勹

wù　　　　do not

【忄部】

> "心"字的变体,见第41页。
> it's the variation of 心. See page 41.

丶 丷 忄

【竖心旁】　shùxīnpáng　　三 画

情 忙 快

huái　　　mind, think of

【疋部】

> "疋"部的字多与腿、脚有关。
> The meaning of characters with the radical 疋 is often ralated to leg or foot.

𠃌 𠃌 下 疋 疋

【疋字旁】　pǐzìpáng　　　五 画

蛋 楚 疏

yí　　　　doubt

发

fā　　　emit, pronounce

【乙部】　"乙"代表笔画"折",是个部首。
乙 represents the turning stroke and it's a radical.

乙

【折部】　zhébù　　　一 画

了　也　买

京

jīng　　Beijing, the capital of China

【亠部】　"亠"是个符号。
亠 is a symbol.

丶亠

【文字头】　wénzìtóu　　二 画

文　变　旁

音

yīn　　　sound

【音部】　"音"部的字多与声音有关。
The meaning of characters with the radical 音 is often related to sound.

丶亠六立音

【音字旁】　yīnzìpáng　　九 画

韵　歆　喑

64

练

liàn　　　practise

四

sì　　　four

声

shēng　　　tone

【纟部】
"丝"字的变体。
It's a variation of 丝(silk).

ㄥ 纟 纟

【绞丝旁】　jiǎosīpáng　　三 画

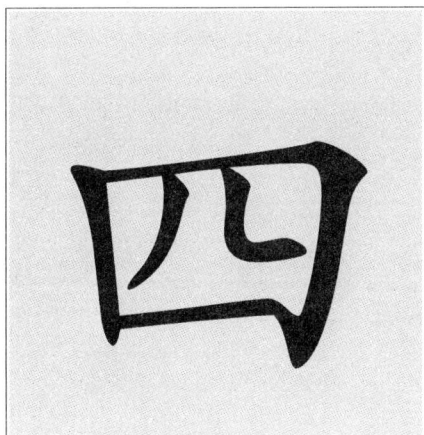

纺　经　结

【罒部】
"四"字的变体。
It's a variation of 四.

丨 冂 冂 罒 罒

【扁四头】　biǎnsìtóu　　五 画

罗　罘　罪

【士部】
"士"部的字多与男性有关。
The characters with the radical 士
are often related to the male sex.

一 十 士

【士字旁】　shìzìpáng　　三 画

志　壮　喜

写

xiě　　　write

【冖部】

"冖"部的字多与遮盖有关。
The meaning of characters with the radical 冖 is often related to covering.

冫 冖

【秃宝盖】　　tūbǎogài　　　二 画

军　冠　冢

似

sì　　　similar, like

【亻部】

"人"字的变体，见第 5 页。
It's a variation of 人. See page 5.

丿 亻

【单立人】　　dānlìrén　　　二 画

他　你　们

画

huà　　　draw

【凵部】

"凵"是个符号。
凵 is a symbol.

凵 凵

【凶字底】　　xiōngzìdǐ　　　二 画

凶　出　击

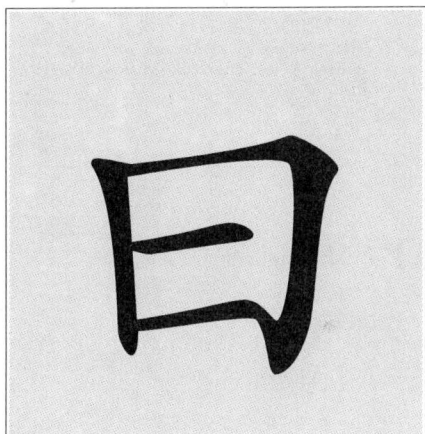

yuē   say

【曰部】 "曰"是指事字，"口"中加一横。
曰 is an self-explanatory character. The way of writing 曰 is to put a stroke 一 in 口(mouth).

一 冂 冃 曰

【曰字旁】 yuēzìpáng   四画

冒 最 量

zhī   this, that

【丶部】 笔画"丶"是个部首。
The stroke 丶 is a radical.

【点部】 diǎnbù   一画

为 头 主

xíng   form, image

【彡部】 "彡"部的字多与纹饰有关。
The characters with the radical 彡 are often related to decorative patterns.

丶 彡 彡

【斜三撇】 xiésānpiě   三画

影 彩 形

得

dé   get, gain

重

zhòng   heavy, serious

病

bìng   disease

【彳部】

"彳"部的字多和行走有关。
The meaning of characters with the radical 彳 are often related to walking.

丿 彳 彳

【双立人】   shuānglìrén   三 画

行 往 征

【丿部】

笔画"丿"是个部首。
The stroke 丿 is a radical.

丿

【撇部】   piěbù   一 画

千 午 年

【疒部】

"疒"部的字与疾病有关。
The meaning of characters with the radical 疒 is often related to disease.

丶 亠 广 广 疒

【病字旁】   bìngzìpáng   五 画

症 疗 瘦

去
qù　　go

【厶部】

> "厶"是个独体字。
> 厶 is a single component character.

厶 厶

【厶字旁】　sīzìpáng　　二 画

台　允　能

医
yī　　medical science

【匚部】

> "匚"是个符号。
> 匚 is a symbol.

一 匚

【区字框】　qūzìkuàng　　二 画

区　巨　匹

院
yuàn　　courtyard

【阝部】

> "阝"部的字多与地形有关。
> The meaning of characters with the radical 阝 is often related to topography.

阝 阝

【左耳刀】　zuǒ'ěrdāo　　二 画

阴　阳　阵

抓
zhuā　　　seize, grab

【扌部】
"手"字的变体,见第 26 页。
It's a variation of 手. See page 26.

一　十　扌

【提手旁】　tíshǒupáng　　　三 画

打　拉　把

药
yào　　　medicine

【艹部】
"艹"部的字与草本植物有关。
The meaning of characters with the radical 艹 is often related to herbs.

一　十　艹

【草字头】　cǎozìtóu　　　三 画

草　花　茶

煎
jiān　　　decoct

【灬部】
"火"字的变体,见第 2 页。
It's a variation of 火. See page 2.

丶　八　灬　灬

【四点底】　sìdiǎndǐ　　　四 画

点　热　然

jiā family

【豕部】

“豕”部的字多与猪有关。
The meaning of the characters with the radical 豕 is often related to pig.

一 丁 了 丏 豕 豕 豕

【豕字旁】　shǐzìpáng　七画

象　豪　逐

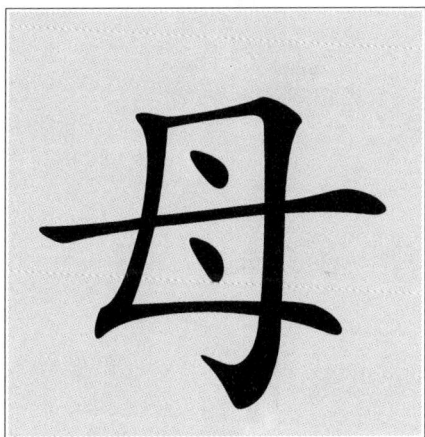

mǔ mother

【母部】

“母”是个象形字。
母 is a pictographic character.

ㄥ 口 母 母 母

【母字旁】　mǔzìpáng　五画

每　毒　贯

ān safe and sound, relieved

【宀部】

“宀”部的字多与房屋有关。
The meaning of the characters with the radical 宀 is often related to houses.

丶 丷 宀

【宝盖头】　bǎogàitóu　三画

室　灾　宅

虎
hǔ   tiger

【虍部】 "虍"部的字多与虎有关。
The meaning of the characters with the radical 虍 is often related to tiger.

丨 卜 上 户 卢 虎

【虎字头】 hǔzìtóu   六 画

虚 虏 彪

牌
pái   make, brand

【片部】 "片"部的字多与片状有关。
The meaning of the characters with the radical 片 is often related to slices.

丿 丿 片 片

【片字旁】 piànzìpáng   四 画

版 牒 牍

裙
qún   skirt

【衤部】 "衣"字的变体, 见第49页。
It's the variation of 衣. See page 49.

丶 丿 礻 衤 衤

【衣补旁】 yībǔpáng   五 画

裤 衬 衫

冷
lěng   cold

【冫部】

"冫"部的字多与寒冷有关。
The meaning of the characters with the radical 冫 is often related to cold.

丶 冫

【两点水】　liǎngdiǎnshuǐ　二 画

凉　冻　冰

饮
yǐn   drink

【饣部】

"食"字的简体,见第39页。
It's the simplified form of 食. See page 39.

丿 𠂊 饣

【食字旁】　shízìpáng　三 画

饭　馆　饿

瓶
píng   bottle

【瓦部】

"瓦"部的字多与陶土有关。
The meaning of the characters with the radical 瓦 is often related to clay.

一 𠃌 瓦 瓦

【瓦字旁】　wǎzìpáng　四 画

瓷　瓮　甄

猫

māo　　　cat

【犭部】
　　"犬"字的变体,见第 19 页。
　　It's the variation of 犬. See page 19.

ノ 犭 犭

【反犬旁】　fǎnquǎnpáng　　三 画

狗　狼　狂

式

shì　　　type

【弋部】
　　"弋"是个独体字。
　　弋 is a single component character.

一 弋 弋

【弋字旁】　yìzìpáng　　三 画

武　贰　忒

鞋

xié　　　shoes

【革部】
　　"革"部的字与皮革有关。
　　The meaning of the characters with the radical 革 is often related to leather.

一 十 艹 廿 苫 芭 革

【革字旁】　gézìpáng　　九 画

靴　鞍　鞭

jiǎo　　　horn, angle

【角部】 "角"部的字多与动物角有关。
The meaning of characters with the radical 角 is often related to horn.

丿　夕　𠂊　角　角　角　角

【角字旁】 jiǎojìpáng　　七 画

解　触　斛

zhuàng　　　form, shape

【丬部】 "丬"是个符号。
丬 is a symbol.

丶　丷　丬

【壮字旁】 zhuàngzìpáng　　三 画

壮　妆　将

jìng　　　mirror

【钅部】 "金"字的简体,见第44页。
It's the simplified form of 金. See page 44.

丿　𠂉　𠂆　𠂋　钅

【金字旁】 jīnzìpáng　　五 画

铁　钢　铜

欲

yù　　　wish, want

建

jiàn　　　construct, build

业

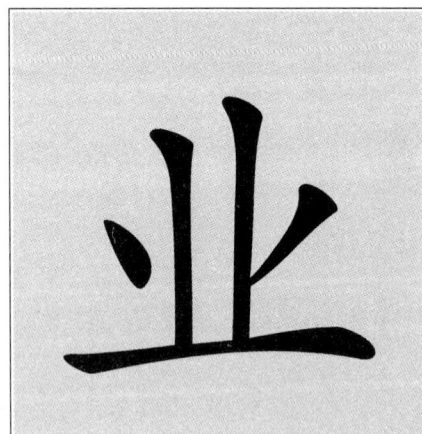

yè　　　career, trade

【谷部】

"谷"字的字多与山谷有关。
The meaning of the characters with the radical 谷 is often related to valley.

丶 亅 八 夕 父 谷 谷

【谷字旁】　gǔzìpáng　　　七画

豁 峪 裕

【夂部】

"夂"部的字多与脚的动作有关。
The meaning of the characters with the radical 夂 is often related to movement of foot.

夂 夂

【建字旁】　jiànzìpáng　　　二画

延 廷 建

【业部】

"业"是个独体字。
业 is a single component character.

丨 丨 刂 业 业

【业字旁】　yèzìpáng　　　五画

邺 凿 黹

wù　　must, be sure to

【夂部】

> "夂"是个符号。
> 夂 is a symbol.

丿　夕　夂

【冬字头】　dōngzìtóu　　三 画

冬　各　条

jìng　　respect

【攵部】

> "攵"部的字多与手的动作有关。
> The meaning of the characters with the radical 攵 is often related to the hand's movement.

丿　丶　ケ　攵

【反文旁】　fǎnwénpáng　　四 画

放　收　改

lǎo　　old

【老部】

> "老"部的字多与年老有关。
> The meaning of characters with the radical 老 is often related to the quality of being old.

一　十　土　少　耂　老

【老字旁】　lǎozìpáng　　六 画

耄　耋　考

méi   without

【殳部】

"殳"部的字多与击打有关。
The meaning of characters with the radical 殳 is often related to beating or hitting.

丿 几 殳 殳

【殳字旁】   shūzìpáng   四 画

般 段 殴

lǐ   courtesy

【礻部】

"示"字的变体，见第 14 页。
It's the variation of 示。See page 14.

丶 丿 礻 礻

【示字旁】   shìzìpáng   四 画

社 祖 福

mào   look, appearance

【豸部】

"豸"部的字与野兽有关。
The meaning of the characters with the radical 豸 is often related to wild beasts.

丿 丷 丷 豸 豸 豸

【豸字旁】   zhìzìpáng   七 画

豹 豺 貂

邻
lín　　neighbour

【阝部】
"阝"部的字多与区域有关。
The meaning of the characters with the radical 阝 is often related to area.

阝阝

【右耳刀】　yòu'ěrdāo　　二 画

都　邮　那

即
jì　　promptly, at once

【卩部】
"卩"是个符号。
卩 is a symbol.

卩卩

【单耳刀】　dān'ěrdāo　　二 画

却　印　卸

笑
xiào　　ridicule, smile

【⺮部】
"竹"字的变体，见第 10 页。
It's the variation of 竹. See page 10.

丿 ⺮ ⺮ ⺮ ⺮ ⺮

【竹字头】　zhúzìtóu　　六 画

答　篇　算

79

部 首 索 引

Index of the Radicals

描写三字经　　Tracing the Verses

| 一 | 火 | 灭 | 一 | 火 | 灭 | 一 | 火 | 灭 |

| 二 | 儿 | 元 | 二 | 儿 | 元 | 二 | 儿 | 元 |

| 八 | 刀 | 分 | 八 | 刀 | 分 | 八 | 刀 | 分 |

| 人 | 王 | 全 | 人 | 王 | 全 | 人 | 王 | 全 |

| 女 | 子 | 好 | 女 | 子 | 好 | 女 | 子 | 好 |

| 田 | 力 | 男 | 田 | 力 | 男 | 田 | 力 | 男 |

| 日 | 月 | 明 | 日 | 月 | 明 | 日 | 月 | 明 |

| 小 | 大 | 尖 | 小 | 大 | 尖 | 小 | 大 | 尖 |

描写三字经

竹	毛	笔	竹	毛	笔	竹	毛	笔

白	水	泉	白	水	泉	白	水	泉

爪	木	采	爪	木	采	爪	木	采

舟	皿	盘	舟	皿	盘	舟	皿	盘

示	见	视	示	见	视	示	见	视

目	艮	眼	目	艮	眼	目	艮	眼

龙	耳	聋	龙	耳	聋	龙	耳	聋

穴	巾	帘	穴	巾	帘	穴	巾	帘

| 走 | 干 | 赶 | 走 | 干 | 赶 | 走 | 干 | 赶 |

| 厂 | 犬 | 厌 | 厂 | 犬 | 厌 | 厂 | 犬 | 厌 |

| 文 | 而 | 斋 | 文 | 而 | 斋 | 文 | 而 | 斋 |

| 又 | 佳 | 难 | 又 | 佳 | 难 | 又 | 佳 | 难 |

| 矢 | 豆 | 短 | 矢 | 豆 | 短 | 矢 | 豆 | 短 |

| 辛 | 瓜 | 瓣 | 辛 | 瓜 | 瓣 | 辛 | 瓜 | 瓣 |

| 米 | 斗 | 料 | 米 | 斗 | 料 | 米 | 斗 | 料 |

| 舌 | 甘 | 甜 | 舌 | 甘 | 甜 | 舌 | 甘 | 甜 |

手	戈	找	手	戈	找	手	戈	找
立	风	飒	立	风	飒	立	风	飒
身	寸	射	身	寸	射	身	寸	射
牙	鸟	鸭	牙	鸟	鸭	牙	鸟	鸭
气	羊	氧	气	羊	氧	气	羊	氧
言	方	访	言	方	访	言	方	访
门	口	问	门	口	问	门	口	问
弓	长	张	弓	长	张	弓	长	张

黑 土 墨 黑 土 墨 黑 土 墨

臣 卜 卧 臣 卜 卧 臣 卜 卧

麻 鬼 魔 麻 鬼 魔 麻 鬼 魔

石 页 硕 石 页 硕 石 页 硕

其 欠 欺 其 欠 欺 其 欠 欺

食 几 饥 食 几 饥 食 几 饥

工 贝 贡 工 贝 贡 工 贝 贡

自 心 息 自 心 息 自 心 息

描写三字经

父	斤	斧	父	斤	斧	父	斤	斧

尸	至	屋	尸	至	屋	尸	至	屋

金	十	针	金	十	针	金	十	针

广	车	库	广	车	库	广	车	库

山	夕	岁	山	夕	岁	山	夕	岁

酉	己	配	酉	己	配	酉	己	配

雨	辰	震	雨	辰	震	雨	辰	震

衣	皮	被	衣	皮	被	衣	皮	被

足 止 趾 足 止 趾 足 止 趾

歹 匕 死 歹 匕 死 歹 匕 死

禾 比 秕 禾 比 秕 禾 比 秕

支 羽 翅 支 羽 翅 支 羽 翅

虫 青 蜻 虫 青 蜻 虫 青 蜻

鱼 里 鲤 鱼 里 鲤 鱼 里 鲤

马 户 驴 马 户 驴 马 户 驴

牛 西 牺 牛 西 牺 牛 西 牺

| 到 | 中 | 国 | 到 | 中 | 国 | 到 | 中 | 国 |

| 学 | 汉 | 语 | 学 | 汉 | 语 | 学 | 汉 | 语 |

| 遇 | 同 | 乡 | 遇 | 同 | 乡 | 遇 | 同 | 乡 |

| 勿 | 怀 | 疑 | 勿 | 怀 | 疑 | 勿 | 怀 | 疑 |

| 发 | 京 | 音 | 发 | 京 | 音 | 发 | 京 | 音 |

| 练 | 四 | 声 | 练 | 四 | 声 | 练 | 四 | 声 |

| 写 | 似 | 画 | 写 | 似 | 画 | 写 | 似 | 画 |

| 日 | 之 | 形 | 日 | 之 | 形 | 日 | 之 | 形 |

得 重 病 得 重 病 得 重 病

去 医 院 去 医 院 去 医 院

抓 药 煎 抓 药 煎 抓 药 煎

家 母 安 家 母 安 家 母 安

虎 牌 裙 虎 牌 裙 虎 牌 裙

冷 饮 瓶 冷 饮 瓶 冷 饮 瓶

猫 式 鞋 猫 式 鞋 猫 式 鞋

角 状 镜 角 状 镜 角 状 镜

描写三字经

| 欲 | 建 | 业 | 欲 | 建 | 业 | 欲 | 建 | 业 |

| 务 | 敬 | 老 | 务 | 敬 | 老 | 务 | 敬 | 老 |

| 没 | 礼 | 貌 | 没 | 礼 | 貌 | 没 | 礼 | 貌 |

| 邻 | 即 | 笑 | 邻 | 即 | 笑 | 邻 | 即 | 笑 |

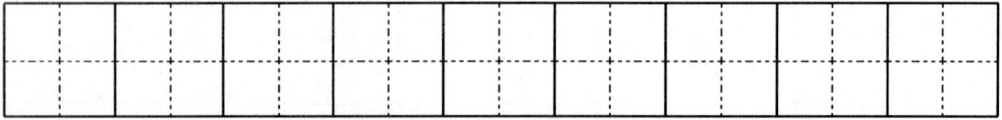
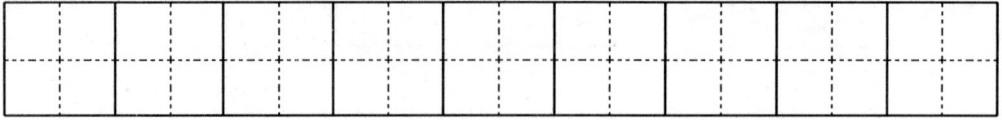
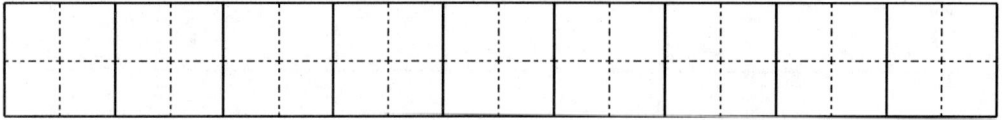
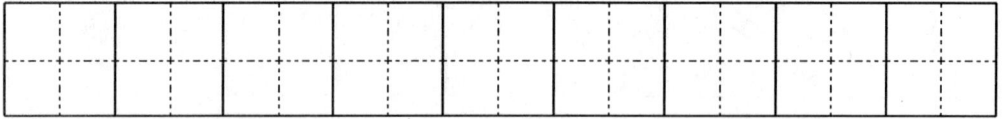
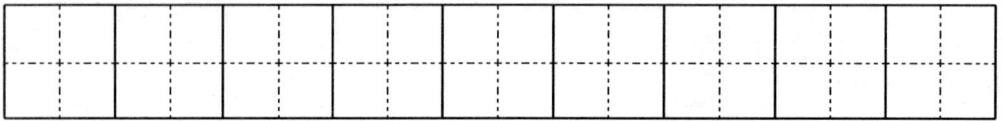
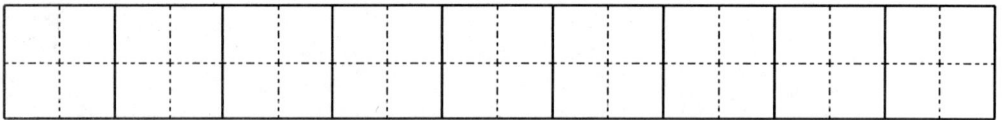
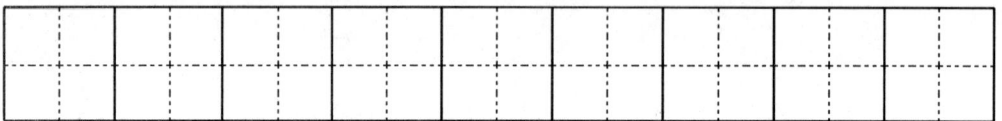
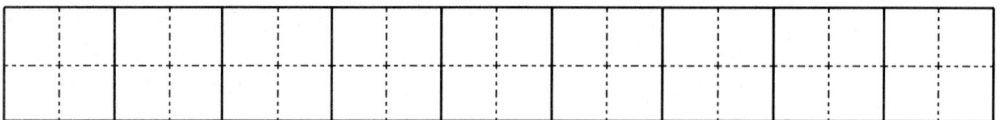
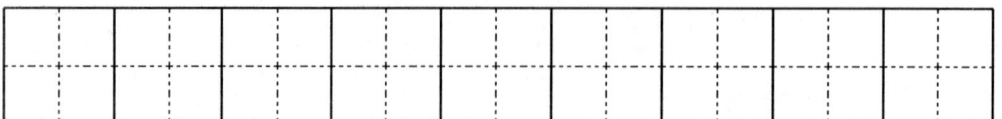
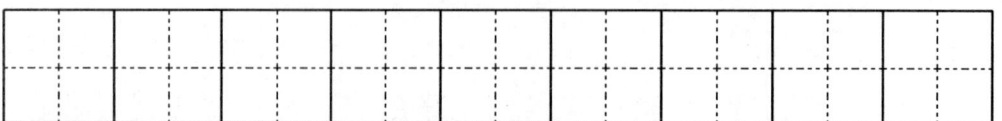

判断部首练习　Identifying the Radicals

1 半【　部】	28 那【　部】	55 条【　部】
2 下【　部】	29 击【　部】	56 狮【　部】
3 电【　部】	30 劈【　部】	57 饱【　部】
4 么【　部】	31 劝【　部】	58 局【　部】
5 也【　部】	32 汤【　部】	59 强【　部】
6 高【　部】	33 性【　部】	60 巷【　部】
7 次【　部】	34 完【　部】	61 嫂【　部】
8 军【　部】	35 妆【　部】	62 幼【　部】
9 让【　部】	36 府【　部】	63 孔【　部】
10 云【　部】	37 闹【　部】	64 红【　部】
11 南【　部】	38 边【　部】	65 驱【　部】
12 厕【　部】	39 攻【　部】	66 烈【　部】
13 匠【　部】	40 块【　部】	67 斜【　部】
14 卡【　部】	41 壶【　部】	68 綮【　部】
15 创【　部】	42 芳【　部】	69 施【　部】
16 网【　部】	43 夺【　部】	70 灶【　部】
17 关【　部】	44 导【　部】	71 怎【　部】
18 今【　部】	45 贰【　部】	72 扇【　部】
19 件【　部】	46 扫【　部】	73 社【　部】
20 勾【　部】	47 劣【　部】	74 球【　部】
21 兜【　部】	48 尚【　部】	75 材【　部】
22 凤【　部】	49 吐【　部】	76 殖【　部】
23 参【　部】	50 困【　部】	77 轨【　部】
24 观【　部】	51 岸【　部】	78 臭【　部】
25 延【　部】	52 待【　部】	79 戏【　部】
26 印【　部】	53 彤【　部】	80 毕【　部】
27 防【　部】	54 梦【　部】	81 瓮【　部】

82 肯【　　部】	107 盐【　　部】	132 警【　　部】
83 暖【　　部】	108 锡【　　部】	133 趟【　　部】
84 替【　　部】	109 矩【　　部】	134 豌【　　部】
85 贼【　　部】	110 季【　　部】	135 酱【　　部】
86 览【　　部】	111 皓【　　部】	136 唇【　　部】
87 爷【　　部】	112 瓢【　　部】	137 豪【　　部】
88 牲【　　部】	113 鸽【　　部】	138 野【　　部】
89 挚【　　部】	114 楚【　　部】	139 践【　　部】
90 毫【　　部】	115 皱【　　部】	140 豹【　　部】
91 氮【　　部】	116 架【　　部】	141 豁【　　部】
92 收【　　部】	117 养【　　部】	142 躬【　　部】
93 版【　　部】	118 粘【　　部】	143 解【　　部】
94 新【　　部】	119 耆【　　部】	144 静【　　部】
95 妥【　　部】	120 聪【　　部】	145 基【　　部】
96 服【　　部】	121 票【　　部】	146 雹【　　部】
97 欧【　　部】	122 顺【　　部】	147 鉴【　　部】
98 飕【　　部】	123 虐【　　部】	148 售【　　部】
99 殿【　　部】	124 虾【　　部】	149 鲨【　　部】
100 毒【　　部】	125 乱【　　部】	150 靴【　　部】
101 录【　　部】	126 笛【　　部】	151 韵【　　部】
102 穷【　　部】	127 臭【　　部】	152 餐【　　部】
103 端【　　部】	128 舵【　　部】	153 魂【　　部】
104 疯【　　部】	129 扇【　　部】	154 磨【　　部】
105 畏【　　部】	130 既【　　部】	155 默【　　部】
106 罚【　　部】	131 辟【　　部】	

部首检字法简介

The Radical Indexing System for Chinese Characters

如果你想查找某个汉字,而又不知道它的发音,可以使用汉语词典中的部首检字法来查找。我们以《现代汉语词典》(修订本)(商务印书馆,2000)为例,来介绍一下如何使用部首检字法,如查"眠"字:

一、先确定所查汉字的部首。"眠"字的部首是"目"。

二、数一下部首的笔画数。"目"是五画。

三、在字典《部首目录》的五画部首中找到"目",知道【目部】的页码是48。

四、根据页码,在后面的《检字表》中找到【目部】。

五、看所查汉字,除去部首以外,另一部分是多少笔画。"民"是五画。

六、在【目部】的五画中找到"眠"字,知道"眠"字在词典中的页码是876。

七、根据页码,找到所要查的汉字。

If you don't know the pronunciation of a Chinese character, you can look it up in a Chinese dictionary by means of the radical index. In the following part, we would take the character 眠 as an example to illustrate the way of consulting the *Modern Chinese Dictionary* by using the radical indexing system for Chinese characters.

1. First, identify the radical of the character. In this case, the radical of 眠 is 目.

2. Then count the number of strokes of the radical. 目 has five strokes.

3. Locate the radical 目 under the boldfaced subheading 五画 in 部首目录 (Radical Index), and you will see that the radical 目 is on page 48.

4. In the middle of this page, you will find 目部, which is listed in 检字表(word index).

5. Then count the strokes of the remaining part of the character, not including the radical. 民 has five strokes.

6. Under the boldfaced subheading 五画 in 目部, there is the character 眠, on page 876.

7. You will find the character 眠 on page 876.